2025

경남시인협회 유등 사화집

유등이 빛나는 시간

경남시인협회
Gyeongnam Poet Association

새로운 세상에 새 유등을 띄우며

안화수 경남시인협회장

경남시인협회는 진주문화재단의 후원으로, 개천예술제에 맞추어 '유등과 함께하는 시인들' 문학 행사를 이어오고 있습니다. 올해에도 회원들의 열정과 뜨거운 참여로 유등 사화집을 엮고, 유등문학상을 시상하며, 문학 특강의 자리를 마련하게 되었습니다. 어려운 여건 속에서도 정성을 다해 준비해 주신 사무국장과 사무차장, 그리고 귀한 열매를 갖게 해주신 편집위원 여러분께 깊은 감사를 드립니다. 또한, 「현대 시와 현대음악의 언어, 미니멀리즘」이라는 주제로 문학 강연을 맡아 주신 서영처 선생님께 감사의 마음을 전하며, 제6회 유등문학상을 수상하신 유담 시인께는 아낌없는 축하를 드립니다.

진주남강유등축제는 단순한 향토의 잔치를 넘어, 역사의 뿌리 깊은 기억을 품은 축제입니다. 그 기원은 임진왜란 진주성 전투에 있습니다. 남강을 밝히던 유등은 적의 진군을 막는 방책이었고, 성 밖 가족에게 띄운 간절한 신호였으며, 마침내 순국선열의 넋을 기리는 불빛이 되었습니다. 이 불빛은 오늘날 세계인이 함께하는 축제로 확장되어, 과거와 현재를 잇는 문화의 등불로 거듭나고 있습니다. 이러한 역사와 정신을 간직한 축제에 시로써 동참할 수 있다는 것은 경남시인협회의 큰 영예입니다. 회원들의 시 한 편 한 편은 유등의 불빛과 함께 남강 위에 흐르며, 선열의 뜻을 기리고 오늘의 삶을 위무하며, 내일을 향한 희망을 밝혀 줄 것입니다.

비록 열악한 환경 속에서 준비되었지만, 서로의 정성과 마음을 한데 모음으로써 더욱 빛나는 유등 사화집이 되었습니다. 귀한 원고를 보내주신 회원 여러분, 그리고 발간에 힘을 보태주신 진주남강유등축제 제전위원회에 깊은 감사의 마음을 전합니다. 앞으로도 경남시인협회는 진주남강유등축제가 세계로 뻗어가는 길목에서 작은 디딤돌 역할을 할 것입니다.

오늘 우리는, 새로운 유등에 우리의 염원을 담아 남강에 띄웁니다. 유등은 강을 따라 낙동강에 이르고, 큰 물결이 되어 태평양으로 나아갈 것입니다. 우리의 꿈과 희망 또한 그 물길을 따라 더 멀리, 더 깊이 퍼져가기를 기원합니다. 감사합니다.

제6회
유등문학상

유담
당선소감

흐르는 강물에 사람의 안부를 묻습니다. 강은 흘러갈 뿐, 그 의미를 읽어내는 것은 우리의 몫입니다. 세월이 지나고, 우리는 그 세월에 역사라는 이름을 붙입니다. 역사를 돌아본다는 것은 곧 흘러간 시간 속에 깃든 목소리에 귀 기울이는 일입니다.

논개, 그 이름은 시대가 바뀌어도 흔들림 없는 지표로 남아 있습니다. 그것은 우국 충절의 발로이자, 시대의 울분이기도 했을 것입니다. 어떠한 해석을 덧붙인다 하더라도 그녀가 남긴 흔적은 분명 역사의 큰 강에 또렷한 물결을 일으켰습니다. 개성을 드러내기조차 어려웠던 시대에 그녀가 보여준 창의적 결단과 기개는 오늘의 우리에게도 여전히 놀라운 울림으로 다가옵니다.

그 이름에 부쳐 제정된 '유등문학상' 수상 소식을 들었을 때, 제 마음은 한동안 아득해졌습니다. 기쁨과 더불어 어깨에는 묵직한 책임이 내려앉는 듯했습니다. 글을 쓴다는 것은 끝없이 자신을 닦아내는 과정이라 믿어왔습니다. 불빛을 좇아갈 때마다 그 빛의 농도는 달랐습니다. 때로는 그림자가 두려워 그 속에 숨고 싶었던 적도 있었습니다. 그러나 그 모든 흔들림이 결국은 제 길을 이루는 시간이었습니다. 오늘 이 자리에서 받는 상은, 그러한 길 위에 밝혀진 환한 등불처럼 느껴집니다.

이 귀한 상을 제게 허락해 주신 유등문학상 심사위원님들께 깊은 감사를 드립니다. 또한 경남시인협회 안화수 회장님과 협회 회원님들, 그리고 언제나 따뜻한 격려와 조언을 아끼지 않으신 선배 시인들과 동료 문우들께도 진심으로 고마움을 전합니다. 무엇보다도 제 곁에서 묵묵히 마음의 등불이 되어준 가족과 이 기쁨을 함께 나누고 싶습니다.

오늘의 이 불빛은 감사함으로 더욱 환합니다. 앞으로도 부끄럽지 않게, 묵묵히 제 길을 걸어가겠습니다. 언제까지나 강물처럼 흘러가되, 그 물길에 조금이나마 위로와 울림을 남길 수 있기를 소망합니다. 감사합니다.

4

본명 유영희. 경남 통영 출생. 2007년 《수필과비평》 신인상(수필), 2024년 《시와편견》 신인문학상(시) 등단. 수필집 『옹기의 휴식』, 『기둥과 벽』, 시집 『각자 입으로 각자 말을 하느라고』. 한국꽃문학상, 수필과비평 올해의 작품상, 한국문협 작가상 수상. 수향수필문학회장, 통영문인협회 회장 역임. 고동주문학상운영위원회 부위원장, 경남수필과비평작가회의 회장

논개를 찾아서

유 담

강물에 머리를 푼다
불빛 강물에 드리우고
깊이 잠든 여자를 찾는다
강물에 흐르는 저고리 고름 한 짝
등불이 풀려
깊이를 재고 있다 흔들리는
그 여자의 잠
못다 한 삶이 아직도 강물을 따라가고 있다
가락지마다에 맺은 의지는
한 오리 나비 추임새로 남아
등불에 실려 흔들리고 있다
살풀이 한 자락으로
위로가 될까
등불의 색깔대로 흔들리는 머릿결
강물의 깊이만큼 젖어 든 머리
붉은 물결로 더 붉다
푸른 머릿결 더 푸르다
물결로 흔들면
그 여자의 잠을 깨울 수 있을까

part 2

진주 남강에 서면

7

part 1

강에 등을 띄운다는 것은

유등

곽향련

◆ ◆ ◆
2004년 《문예사조》 신인상. 시집 『파손주의』 『울음이 불룩해진다』

저마다
어머니 눈물 같은 눈동자가
남강에서 지새운다

저 너머
새벽이 등불처럼 떠오른다

유등·3
—요정들의 유희

구판우

강은 어느 지점을 비우고 쓸어내도
그 자리에 머문다
한 번도 떨어진 적 없는 부부처럼
맞잡은 손이 바람에 스친다

거슬러 흐르지 않지만,
유유히 나아가고
뒤돌아보면 아득히 그 자리를 지키고 있다

암벽에 부딪혀도 위축되지 않는다
수많은 출구가 있으며,
바위를 뚫지 못해도 눈물 흘리지 않는다

정체성을 부정당해도
흐름의 순리를 거스르는 일이 없다

◆◆◆
2018년 《문예운동》 등단. 시집 『꽃은 상처를 남기지 않는다』 『청소부나라의 별』

강은 연인이 아니어도
서로를 감싸안고 뜨겁게 뒤엉켜 있다
어둠 속에서도 그들은 한 몸처럼 빛나고
고난 속에서도 한 영혼처럼 자신을 태우는 것이다

의식도 모르고
스포트라이트조차 알지 못하는 너는
길바닥에 내놓은 혼탁한 강일 뿐인데

하늘을 품어
반짝이는 별이 되어 강으로 쏟아졌다

15

진주, 유등

일렁이는 물빛 나루터
간절한 마음 담아
등불 하나 강물에 띄웁니다

마음의 출처는
뒤벼리 모퉁이에 묶어 둔 채
강 건너 탄식을 묻습니다

오늘도 치열했을 남강

물빛 바람 달빛 소리

형형색색 등을 밝혀
서러운 마음을 지핍니다

바람 불면
대숲이 울고

◆ ◆ ◆
《시현실》 등단. 시집 『당신은 낡고 나는 두려워요』

달은 등을 밝히고
강은 마음을 흘려보냅니다

강물 흐르고
등불 흘러

내 사람의 안녕을 기원합니다

17

2025 유등

김 경

◆ ◆ ◆
1999년 《경남신문》 신춘문예 당선. 시집 『삼천포 항구』 『거짓말』 등

강물을 의자에 앉혀 놓고
파르르 몸을 떠는 바람의 역사驛舍

강물 속에는 막막한 배웅이 있다
혼자 흘러가기 좋은
수륙양용 푸른 모래 언덕이 있다

멀리 떠나는 물 밖으로
어진 불빛을 건네는 사무친
둥근 비탈

보아라, 사랑하는 것들은
누군가를 밟고서 오는 것이 아니다

하늘하늘 제 넓이만큼
함께 불행해도 좋을 만큼

저렇게
누군가에게 마음을 여는 것이다

사랑했나 봐

김기원

연등불 밝히는데
사랑의 눈 모여든다

머물지 못하는 늪
무리 떼에 나를 앓다

강물이
찰랑거리는
순간에 임 얼굴 보인다

◆ ◆ ◆
1994년 《시와시인》《문학21》 등단. 시집 『나 차밭에 있네』 등

강은 늙지 않는다

김명희

달빛을 넘기는 물결일 뿐
꽃등을 흔드는 바람일 뿐

네 마음
물같이 흐르지 못해도

누구도 대신 흐를 수 없다

그 말
내생의 강가에서 들을 것이다

◆◆◆
1991년 《경남문학》 등단. 시집 『외진 마음이 격렬하게 기운 곳도 저쪽이었다』『꽃의 타지마할』 등

유등이 빛나는 시간

김무영

◆◆◆
1982년 《거제문학》 태동과 함께 문단 활동. 시집 『그림자 戀書』 등

유등이 비틀거리고 있는 것은
강줄기를 따라 내리는 고뇌다
기도가 불어난 저 강물 위로
너의 간절함이 퍼져가면

강바닥을 헤치며 끌고 가는 장구애비 몸부림이
아슬아슬
추억을 캐고 있다

강 살에 기대
스러질 듯 다시 솟아
이골 난 어머니 이마 사이로 쉴 새 없이
쏟아져 내린다

잊힌 이의 절규를 들추어내

김미윤

가을 건너 긴 겨울로 향한 여정
무명을 벗기듯 남가람에 흐르는 물보다
일월은 늘 한발 앞서 달아나고
눈길이 닿는 곳마다 이제 내려놓을 시간
무너진 성벽 기슭 또 어딘가에
남김없이 걸어가야 할 우리 삶의 여정마저
끝내 못다 칠한 도화지처럼 갈아 끼우니
오래된 하늘 귀퉁이 마냥 흔들리듯
모서리 떨어져 나간 오욕의 갈피가
댓닢 바람결에 얽혀 멀어진다
승자도 패자도 사라진 역사의 뒤안길에서
퍼부어도 채워지지 않는 사랑이여
퍼내어도 줄어들지 않는 미움이여
잊힌 이의 절규를 들추어내
마지막 증언의 깃발 펄럭이며
고통 뒤에 피어날 회한을 다독거리면

◆ ◆ ◆
1986년 《시문학》 추천, 《월간문학》 신인상 등단, 2018년 《한국작가》 문학평론 당선.
시집 『녹두나무에 녹두꽃 피는 뜻』 『흑백에서』 등

윤슬처럼 반짝이던 그 선한 눈빛들은

영혼의 기척 남기고 떠나갈

지친 발걸음으로 애잔한데

사바의 파문을 버려야 가닿는 피안의 언덕에서

정녕 서러움이 지워질 시간으로 다시 일어서는가

유등소회

김민철

◆ ◆ ◆
2009년 월간 《시사문단》 시 등단. 시집 『동그라미, 그 바깥의 파문』 외 3권

빛과 어둠은 성벽의 안팎

각성과 번민의 회오리

거쳐 온 전투의 마디마다

빛과 어둠은 교차하고

못내 처절한 피바다

잠이 무거운 하늘의 시간

쏟아지는 별빛은

이뤄질 수 없는 사랑을 위로하고

고통을 눌러 희망을 부른다

말이 없다고 눈물이 달진 않다

미움도 때론 용서가 되고

얼룩진 성벽의 지워진 상처들

남강에 등불 가득

여기 진주성은 불야성이다.

남강에 유등 띄워라

김새하

♦ ♦ ♦
본명 김나영. 2017년 계간 《시작》 최치원신인문학상 수상 등단. 시집 『도망칠 수 없다면』

어제와 다른 살냄새에 해를 놓쳐버린 강
검게 타들어간 마음을 알기에
밤마다 달은 스스로 유등이 된다

유등이 강을 건너는 시간이면
건너편에서는 무릎을 펴지 못하고 비는 손이 있다
안타까운 마음에 답이라도 하듯
유등 하나를 띄우고 또 띄우기를 끝없이

밤하늘 그대로 옮겨놓은 남강
해를 닮은 달과 별을 닮은 유등이 떠 있다

슬픔이 아픔이라고 말도 못 할 내 가족들아
환한 유등을 보았는가
나 대신 그대들 만나러 가는 빛이 있으니
낮별이라도 뜨면 그 또한 나인 줄 아시오

유등이 사그라드는 새벽
아직은 돌아가지 못할 그때인지라
남강은 정화수가 되어 은결마다 소원을 새겨간다

혼魂불 메아리·8

김연희

뜨거운 이슈 AI 혼령에게 물을까?
남가람 숨결마다 흥건한 꽃불 안부

푸념 들었지, 신열에 잎은 둘로 찢기고
바다 앓다 성난 아우성은 뒤뚱, 덜커덩
폭풍우 흙탕물이 뒹군 복통은 요지경

곤줄박이는 곧장 날아가 오지 않아
눈인사, 뜨거운 인사는 포춘쿠키를 열어

선량한 사람들아,
뜨는 달의 기원을 헤아리는가

생존의 피눈물, 족두리풀 녹색 충혈을
떠난 이와 남은 자를 위한 암흑의 합장
시린 이슬에 무릎 꿇은 유등의 질문을

◆◆◆
2001년《문학세계》시 신인상, 2004년《경남문학》수필 신인상. 시집 『남은 날을 하늘에 걸고』 외 3권, 묵상집 『시편, 얼을 찾다』(공저)

강에 등을 띄운다는 것은

김일태

강을 사랑하는 이들은
가슴에 강을 품고 있다
제 근원을 잊지 않기 때문이다

강에 등을 띄우는 것은
떠나온 자리가 그립기 때문이다

되돌아갈 수 없는 일방통행 길 위에서
수많은 소용돌이를 품고도
말없이 수용하는 강처럼

손사래로 뿌리쳐도 기어이 오고야 마는 내일을
어제처럼 품으려는
간절하고도 슬픈 몸부림이다

◆ ◆ ◆
1998년 《시와시학》 등단. 시집 『부처고기』 등 8권, 시선집 『주름의 힘』

남강의 푸른 숨결

김철호(김책)

강은
밤마다 등불을 물에 심는다

빛의 뿌리가 퍼질수록
물결은 그 빛을 흔들며
하늘보다 더 깊은 별을 키운다

그 옆에서
대숲은 바람을 갈대처럼 긁어
푸른 현악을 켠다

빛, 바람, 물이 겹쳐 울리는 하모니
남강은 하나의 거대한 심장으로
별빛이 고동친다

핏빛 물든 계사년 유등처럼

◆ ◆ ◆
2017년 《문학공간》 신인문학상, 2021년 《시와편견》 재등단

유등

도경회

진주성 가람 물에
심지 내리고
오래 흘러와서 새로워진
눈물 같은 땅으로
꽃을 피우는
여인이 살아

은가락지 비녀 단장 고전도
동화가 되어
비췻빛 물치마 열어
황로 백로 무리무리 불러 앉히듯
하나 둘
등불 내거는 저물녘

◆ ◆ ◆
2002년 《시의 나라》 등단. 시집 『말을 걸었다』 『데카브리스트의 편지』 등

생살을 집어 아물려
생을 깁곤 했던지
해쓱한 얼굴로 입술 깨무는 소리
긴 가락을 이루고 장단을 이루면서
물무늬 사이로 구르는 슬픈 곡조
귀에 잠겨드네

물결은 전율하고 촛불은 몸부림치는
이승은 부질없었으니
물너울 꽃술처럼 덮고
별까지 걸어가는 등롱들
다시 사랑을 묻는가
푸른 맥이 뛰고 있네

part 2

진주 남강에 서면

천년 강

박기원

36

◆◆◆
2014년 《경남문학》 신인상 수상. 시집 『마추픽추에서 온 엽서』 『바람풍선의 수화』 등

천년을 핑계로
천 번을 헤어진다 해도
그 천 번 중의 한 번은
한 번을 천 번같이 망설였으리

천년보다 긴 하루
하루보다 짧은 천년

천년을 하루같이
붙드는 지푸라기 하나 없이도
떠내려가지 않는 물그림자

하루를 천년같이
붙드는 잔상 하나 없이도
떠내려 보내지 못하는 기억

남강이 붙든 천년에
천 개의 별이 빛나도
가는 길 어두운
유등 하나, 주춤거린다

강물에 등불

박서현

청솔이 달집을 쌓아간다.

달의 온기로
열두 달 평온을 모으는 날

그을린 마음을 들춰본다.

삼재가 뜯어먹은
낡은 속옷과 팥 한 줌, 달문에 걸렸다.

대보름
강물 위에 등불 내걸린다.

◆◆◆
2005년 《한맥문학》 등단. 시집 『봄일 때는 봄을 몰랐다』 외 7권

유등

박우담

선명한 울음을
빚어내는 창백한 입술

◆ ◆ ◆
2004년 《시사사》 등단. 시집 「초원의 별」 외

유등

오오 그대는

물이었다가
기름이었다가

멈추었다가
출렁이었다가

빛이었다가
말미암아 광기이었다가

이 시대의 혼란을

남강은
불로 기어이
그대 오른다

◆◆◆
2007년 《문학예술》 등단. 시집 『삐에로의 일기』 『나의 유전인자』

기억의 강

배소희

넋으로 흐르다
불빛으로 우리 곁에 머무는
기억의 형상들
반짝이며 흐르다 멈추다 사라진다

빛으로 슬픔을 달래고
넋을 기리며
우리는 얼~쑤

강물에 비친 빛살과
물살의 흔들림 속에서 어우러진
그대 넋도
하늘빛으로 올라가며 얼~쑤

서로 닮은 우리를 확인하며
다리를 놓으며 건너가며 얼~쑤

기억의 강에서는
슬픔도 축제다

◆◆◆
2017년 《시와 시학》, 1997년 《경남문학》, 2000년 《현대수필》 등단. 시집 『편백나무 숲
으로』, 수필집 『풀등의 꿈』 등

유등

백숙자

◆ ◆ ◆
2005년 《신문예》 등단. 시집 『네게 닿을 때까지 나는 운다』 『달의 촉수를 읽는다』

한 발 한 발
그 처음은 두려웠다

중간쯤에서 멈추고 싶은 약한 마음일 때 이마를 때리며 허공을 질주하는 독수리의 강렬한 날갯짓을 보았다
너는 할 수 있다는 숲의 박수 소리에 한 발 더 떼었다
한 발. 짧고 느린 보폭일 뿐인데 내 뒤에 지나온 길이 있고 정상에 도착했다
뒤에서 밀어주는 바람과 손 잡아준 반딧불이 덕분이란 걸
처음으로 알았다
겁쟁이가 디딘 한 발의 짧은 보폭이 길이와 무게가 되는
삶 한 단락을 넘긴 듯 호흡이 안정되었다 사는 일은 비탈길과 평지를 오르내리는 색깔이 다른 리듬을 만드는

그렇게
나는 나를 믿었다

어둠을 깨고 첫 여명을 가르는
한 발
한 모금
한 마디
작은 보폭의 이름이다

삼월에서 사월로

성선경

나무 한 그루를 앞에 두고
나도 한 그루 나무라고 한다

여기서 저기까지
딱 한 뼘

아직 날은 채 밝지 않았는데
범종 소리 먼 산을 넘어서 온다.

◆◆◆
1988년 《한국일보》 신춘문예 당선. 시집 『민화』 『햇빛 거울 장난』 외 다수

남강 축제

손윤금

빛 조각 빚어 지상에 별로 띄우면
저마다의 눈빛이 깊게 저장해 둔
사연에 사연을 덧댄 파문이
대낮보다 환한 줄기를 뻗어 멀리갑니다

강물로 뛰어든
그 첫 마음 따라
불꽃처럼 꺼지지 않는 그 이름 하나
물결 속에 피어난 등불이 되었습니다

누대에 걸쳐
발원으로 쌓아 올리고
바람에 흔들려도 꺼지지 않은

이제는 따뜻하다고.
황홀한 노래는 아름다워서
웃음이 흘러넘칩니다

◆ ◆ ◆
2005년 《신문예》 시, 《문학세계》 수필 등단. 시집 『내일은 이곳에서 너무 멉니다』, 디카시집 『엄마의 남새밭』

남강南江의 노래

신승희

◆◆◆
《한국문인》 시, 월간 《문학세계》 평론 등단, 시집 『곰메바위 아리랑』 『설화』 등

달빛이 흘러내린 푸른 숨결
천년의 바람이 운다.
어둠을 품고 별빛을 건너는 강,
논개의 충혼이 서린 전설 위로
유등流燈은 수천 개의 별이 되어
영롱한 은하를 남강에 뿌린다.

강은 묻지 않는다
흘러간 것은 어디에 닿는지
머무른 것은 무엇을 남겼는지
다만 묵묵히 흐를 뿐이다.
흐른다는 것은 잊는 것이 아니라
다시 새겨 넣는 것일까.
꺼내어 말하지 않아도
물결 속에 응어리진 기억들은
빛을 만나 노래가 된다.

임진년의 함성도 억울한 넋의 한숨도
등불 따라 흐르고 흐르는 날에
불타는 성벽 위의 눈물도
굳센 칼날 사이의 기도도
소망을 담아, 사랑을 담아
등불은 그대 가슴에 은하수를 만들고
강은 역사의 숨결을 노래하고 있다.

유 등

이렇듯 매서운 한파에도
너를 품고 있는
빛을 보라 사뭇
파르르 봄바람으로 떨다가
네게로 눈을 돌리면
금싸라기 밟고 유령처럼
물 위에 버들잎 물고 오는 그녀

아침 햇살 축축한
간밤의 첫사랑
산달 같은 동백 꽃망울을

2023년 《시인정신》 겨울호 신인상

진주 사람

안화수

유등의 빛살 따라
진주眞珠가 출렁인다
남강의 젖줄 위로
만복이 반지르르 웃는다

고단한 저녁,
뜨끈한 고봉밥
밥상머리이거나
구들방 아랫목이거나
남강의 물살 살랑살랑 흔들린다

남강물 밝아서
진주 사람 맑다
거짓말 못 하고
참된 말 못 참는
진주 사람 저리도 빛나게 흐른다

◆ ◆ ◆
1998년 《문학세계》 신인문학상으로 등단. 시집 『늙은 나무에 묻다』 『동백아, 눈 열어라』 외

진주 남강 유등축제

양 곡

◆ ◆ ◆
1984년 개천문학 신인상, 2002년 《문예운동》 신인상. 시집 『휘어져 있다』 『덕천강』 등

올해는 산불과 산사태의 상처가 깊어 축제를 온전하게 즐길 수가 없겠다

진주성이 예전보다 더 휘황찬란해지고 촉석루가 환하게 의암이 불 밝혀진 밤

진주 남강에는 부교가 걸쳐져 옛날의 '철구(교)다리'가 연상되고

인근 시·군의 사람들이 밤마다 진양교와 부교를 찾아와 수없이 건너다니고

건너다니며 유등축제 소망등을 밝히며 몸과 마음으로 흠뻑 즐기곤 하는데

어허! 밤하늘에 풍등이 떠가는구나 남강 위 떠 있는 온갖 형상의 유등을 감상하며

주전부리를 사 먹거나 개천예술제 구역의 노점상 사이로 걸어 들어가 아예

술판을 벌이거나 차 한 잔을 사서 들고는 드라마 페스티벌 구역까지

인파 속을 헤치며 축제장을 걷다가 걷다가 겨우 인형 하나를 사기도 하는데

어떤 사람들은 '품바쇼' '난쟁이쇼'를 두세 시간씩 즐기기도 하는데

올해는 아무래도 산사태와 산불의 상처가 깊어 축제를 제대로 즐길 수가 없겠다

일하러 가네

예시원

◆ ◆ ◆
《월간문학》·《한국소설》, 《시와사람》 시 등단. 소설집 『토영 통구미 아재』, 시집 『누가
바다의 이름을 부르는가』, 수필집, 평론집 다수

유등이 참 밝구나야

등 따습고 배 부르면 금상첨환데

배만 부르고 등은 춥기만 하네

그래도 이게 어디야

열한 시 부산행 밤 열차를 타고

잠시 눈 좀 붙여 보네

진주 남강에 서면

오하룡

♦♦♦
1975년 시집 『母鄉』으로 등단. 시집 『몽상과 현실 사이』 『시집 밖의 시』 등

지금도 남강 변에 서면 어제런 듯 그때 임진란
진주성 함락되던 때 성 안팎 없이 진주 사람들
서고 껴안고 통곡하던 모습 생생히 보인다
그날 그 절통의 순간 가감 없이 생생히 보인다

다시 가을

유난히도 무덥던 여름이 가고
푸른 하늘의 문이 열리는 가을이 왔다.

오백 년 전 들풀 같은 민초들의
외세에 꺾이지 않던 결기가 유등 되어
남강 물에 알록달록 수놓은 광경 – 천상이다.

동동 둥둥거리는 혼불
연년세세
가을을 다시 기다리리.

◆◆◆
2013년 《한국문인》 신인상 당선. 시집 『칼새』. 공저(8인) 시집 『비탈진 잠』 외 2

part 3

등불은
잊힌 이름으로 흐른다

불빛은 강물에 젖지 않는다

유 담

◆ ◆ ◆
본명 유영희. 2007년 《수필과비평》 신인상(수필), 2024년 《시와편견》 신인문학상(시)
등단. 수필집 『기둥과 벽』 등, 시집 『각자 입으로 각자 말을 하느라고』

날아라

날아올라라

강물에 흩어진 날개

흐르지 말자고 바람의 멱살을 잡다가

등불은 흔들려 깊은 강의 소식을 묻는다

전하는 안부는 떠올라 윤슬이다

밀어내는 눈길이 되려 젖는다

그럴 바에는 날아라

흐르듯이 날아올라라

정월 대보름, 남강에서

윤덕점

오곡밥 싸서 보름달 만나러 가네
갖가지 나물과 부럼까지 빠짐없이 챙기네
복 싸 먹을 김도 몇 장 넣어서

강물에 뜬 환한 달
달집에 태울 속옷 같은 건 필요 없네
달을 안고 뒹구는 맛 기막히네
두 손으로 볼 만지며 밤새 떠 있을 거니까
자고 가라는 달님의 맑은 얼굴
잡곡밥 싫어하는 줄 아는데
티도 안 내고 숟가락질 바쁜
불룩한 숟가락 위에 생선 살 올리네
아무리 보아도 눈부시지 않은 달빛
볼기짝 톡톡 두드려
눈 맞추는
백 촉짜리 전구보다 환한
남강의 달

◆◆◆
2003년 《시의나라》 등단. 시집 『마로비벤을 꿈꾸다』 『그녀의 배꼽 아래 물푸레나무가 산다』

그 많은 불빛 흘러

윤홍렬

너는 네 모양에 그는 그 사연 실어
더러는 돌고 돌아 더러는 부대끼며
출렁이는 인생살이 흐르고 흐르더니
그 많은 불빛은 어디 있나 하였는데

끝끝내 살아남아 마음으로 흘러들어
대숲 바람 소리에 남강물 일렁이면
너는 또 불 밝혀 모양새 되비추고
그는 또 불 밝혀 사연일랑 되새겨

어디로 가시나요 마음으로 오시나요
마음으로 오소서 마음으로 녹았다가
불현듯 살아나는 유등이여, 남강이여
오호, 진주여!

◆ ◆ ◆
2011년 《서울문학》 신인상 등단. 시집 『흐르는 길』

혼 불

이경희

◆ ◆ ◆
1995년 《진해문학》 시, 1999년 《한국문인》 수필 등단. 시집 『마음 밭에 꽃씨를 뿌리며』 등, 수필집 『얘들아, 정말 잘했어』

역사의 그늘을 모르면
국가의 번영도 길을 잃는다.
소리 없이 혼맥은 찬 물결을 품고
미미한 민생의 발자취는
남강을 따라
오늘도 유유히 흐른다.

조선의 강토가 왜군에 흔들릴 때
오직, 호국 헌신· 나라 사랑의
고귀한 정신이 진주성을 지켰다.
한 나라의 국운이 명장에 달려 있고
백성들은 보자기에 돌을 모아
성城을 지켰다.

보라!
오늘도 저 강물은 역사의 유구함에
터전을 지키고
산맥을 끌어안고 혼불을 밝힌다.
너와 나의 발자취가
삶의 등불이 되는 진주성*
그날의 함성을
영원토록 기억하리.

* 진주목사 김시민(1554~1592)이 왜군의 전라도 침입을 물리친 전략요충지로 민·관이
  합심하여 왜군 3만을 물리친 역사의 현장이다.

유등·8

이명호

◆ ◆ ◆
1992년 《문학세계》 등단. 시집 『말이산의 봄』 외 5

흐르는 강물에 꽃이 피었네

꽃등이 피었네

사백 년 전 역사를 잊은 채

꽃등은 아름답고 화려하기만 하네

형형색색 등불을 켜고

온갖 치장을 하고

어둠 속에 길을 밝혀 등불을 밝혀

아득히 먼 나라 하염없이 떠나가네

나는 진주로 갑니다

이미화

—자고 가면 안 되니, 자고

간절한 사람의 눈빛을 외면하고
나는 진주로 갑니다

'별이 빛나는 밤에'는
언제나 희망으로 들리는 방송은 아닙니다만
뿌리치고 오는 날은 꼭 그래야 살 것 같아서 볼륨을 조금 더 높입니다

믹스커피를 마시고 종이컵을
우그러뜨리고

밤의 속도를 한 단계 높입니다
불빛은 내가 아는 가장 적막한 곳으로 나를 데려갑니다

어쩔 수 없이
한 사람을 남겨 두고

◆◆◆
2010년 《경남신문》 신춘문예 당선. 시집 『치통의 아침』 『그림자를 옮기는 시간』

집으로 가는 길

정성스럽게

하얀 글씨들을 외웁니다 사람들은 이 글씨들을 기도문이라 하지요

진주로 가면

진주로 가면

나도 혼자입니다

남강 위에 그녀가 띄워 보낸 유등이 떠 있을 겁니다

물 위에 뜬 이름들

—진주 유등을 위한 시

이소정

◆ ◆ ◆

《한비문학》 시 등단. 시집 『깎다』, 디카시집 『시간 위에 피는 빛』

강물은 불을 흘린다
물은 타지 않지만
누군가는 그 위에 기도를 띄운다

한지로 접은 마음 위에
어머니는 아들을 놓고
연인은 기다림을 놓는다
나라 잃은 혼백은
이마를 덮은 불빛 하나에 자리를 잡는다

강은 거울이 아니다
지워지지 않는 이름들만을 비춘다
불은 흘러가면서도 뒤돌아본다
누가 누구를 떠나보낸 것인지
누가 누구를 아직 품고 있는 것인지

유등은 언어 이전의 기도다
말로는 다 담지 못한 것들이
그 종이 속에서 불빛처럼 흔들린다

어두운 물살을 가르며
우리는 서로의 슬픔을 태운다
등불 하나가 꺼질 때마다
그 강은 조금씩 눈물의 깊이를 바꾼다

다시 불러보는 그 이름

이신남

물결 위에 잠든 양귀비 한 송이
유유히 또는 아련하게
화수분으로 핀 꽃잎이다
몇백 년 전
벼랑 끝에 흘렸던 열아홉 붉은 마음
빛이란 빛 다 모아
충절을 싣고 세월을 실었다
흐르는 강물을 본다
꽃잎으로 번지는 그리움 안고
다시 불러보는 그 이름

논개!

◆ ◆ ◆
2004년 《문학세계》 등단, 시집 『가슴에 달 하나는 품고 살아야지』 『울지 마라 잘 살았다』 등

의기의 한 유등 되어

이용호

진주성 함락에 왜장* 안고
푸른 파도 넘실대는
천 길 낭떠러지
열 손가락 가락지
못다 한 삶 살풀이
430여 년*이 지난 지금도
유등으로 꽃피우니

애환 서린 강물 위에
유유히 흘러 흘러
푸른 머릿결 풀어 젖히고
붉은 물결 뒤흔들며
그대 또한 멀어져 가네
굽이굽이 흘러 흘러서

＊왜장: 게야무라 로쿠스케.
＊430여 년: 진주성이 함락된 1593년 7월 29일 기점으로 정확히 432년 되는 해.

◆ ◆ ◆
2007년 《문학 21》 시, 2016년 《한국공무원문학》 시조 등단. 시집 『흰구름마저도 쉬어
가는 지리산』 외 3편

진주

이월춘

◆◆◆
1986년 무크 《지평》 등단. 시집 『기억은 볼 수 없어서 슬프다』 외, 시선집 『물굽이에 차를 세우고』 등

진주 재즈를 남강 유등에 띄운다
냉면에 비빔밥까지 든든하게 속을 채운 뒤
수복빵집 거쳐 죽향의 차향까지
방치된 낡은 집들의 신음을 삼키다 보면
자유는 분수처럼 기지개를 켤 것이다

시간이 흐르지 않는 하동복집 지나
세상의 바깥에 있는 세상을 만나면
두 발로 걸으며 뿔 없는 짐승 한 마리
강가 바위 평평한 엉덩이를 두드리며
비로소 이탈의 욕망을 다스리겠다

변두리에서 그냥 없어진 것들처럼
무한한 펄떡임의 선율 따라
포르릉 몇 마리의 새를 날리다 보면
다시 그리운 진주 사람들
남성당한약방과 더불어 형평의 마음 알겠다

유장한 강물에 생의 얼룩을 말리며
더러는 하동 순천행의 고개를 넘고
더러는 산청 함양으로 물길을 내겠지만
수백 년 묵은 마음은 한반도를 넘어
몽골 대초원의 말발굽 소리로 피었겠다

유등

이점선

검은 몸으로 뜬는다
현이 긴 비파, 몸을 울려
띄우는 모르스 부호
몸을 뜯어 새긴 음을
삼킨다
제 소리를 도로 삼킨다
누가 내 등의 비유를 읽어다오
모르스 부호가
검은 몸속에서 깜박인다

◆ ◆ ◆
2004년《시와 세계》겨울호 등단. 시집 『안개기법』 『눈 내리는 습관』

유 등
—초혼

이진주

떠도는 것이 망자만은 아니더라

몸신神에 불 밝히고 충혼을 부르는 소리
커졌다 작아지는 휘파람,
간절하여 통곡하다가 춤사위로
물 위를 걷습니다 아슬하게,
젖은 발 물비늘 날을 타고
성벽을 밀고 올라
허공을 차고 올라
임 따라 떠다니는 혼불들

어지러운 시절엔
떠도는 것이 망자만이 아니라서

◆ ◆ ◆
2018년 《경남문학》 신인상. 2021년 《시와편견》 등단. 시집 『몰래 들여다보며 꼬집고
싶다』 『목소리』

등불은 잊힌 이름으로 흐른다

임창연

밤마다 불이 강을 건넌다. 물 위에 띄운 건 종이 등 하나였지만, 그 안엔 아무도 몰래 덮어둔 말이 들어 있었다. 남강은 아무 말 없이 받아주고, 바람은 불빛의 어깨를 다정히 쓰다듬는다. 등 하나에는 누군가의 이름을 넣지 않았다. 그 이름조차 잊고 싶어서였다.

불빛은 살아 있는 것처럼 떨었다. 누군가를 용서하지 못한 기억, 아직 건너지 못한 사과, 끝내 피우지 못한 사랑이 심지에 매달려 흔들렸다. 그러다 이내 사라졌다. 모든 건 다 흐른다. 다만, 흘러가면서 잠시 반짝일 뿐이다.

그 반짝임을 오래 보았다. 이 세상에서 단 한 번, 슬픔이 아름다워지는 순간이 있다면, 그것은 바로 *몸을 비운 등불이 타오르며 떠나는 그 순간*일 것이다.

불빛은 나를 떠나 누군가의 어둠을 건넌다. 어둠은, 이상하게도 그 불빛을 기억할 것이다. 비록 불은 꺼지고 종이는 젖을지라도.

오늘도 등 하나를 띄운다. 말보다 조용한 말로, 빛보다 어두운 빛으로. 그것이 내게 허락된 유일한 방식의 기도였다.

◆◆◆
1998년 무크지 《매혹》, 2013년 《시선》, 2015년 《한비문학》 문학평론 등단. 시집 『사차원 놀이터』 외 4권, 디카시집 『화양연화』

나의 유등, 어머니

장인숙

우리 집에는 사시사철 하얗게 소금꽃이 피어났다.
꿈자리가 뒤숭숭한 날이면 어김없이 대문 앞에 심으셨다.

어젯밤 어머니와 넷째 오빠가 다녀갔다.
좋은 일인가 나쁜 것일까,
하늘나라로 이사 간 사람은
꿈에 보이지 않아야 좋다 했는데
그래야 천국에서 잘 산다, 했는데

이른 아침마다 대문 앞에 소금꽃을 심으며
나는 모두 잊은 것이야, 마음 단속하며 살았는데
그러질 못했던가, 억지였던가

자주 다녀가신다.
소금을 확 뿌리며
어머니 당부 당부하신다.

오늘도 조심해라!

◆ ◆ ◆
2002년 《문예한국》 등단. 시집 『괜찮습니다』 외 2권

유등이여

정삼희

남강에 등불을 띄우니
강물은 기억을 품고
은은한 불빛으로 깨어난다

성벽에 스민 피와 눈물
이름조차 남기지 못한 넋들
불빛으로 돌아와 만찬을 즐기고

밤하늘 별빛과 맞닿은 천년 노래
슬픔도 축제가 되고 저만치 흘러온 세월
길 위에 서서 백성들 풍년을 빌고 있다

◆◆◆
2002년 《문예한국》 등단. 시집 『판도라 여인』 외 8권

part 4

유등을 바라보며

유 등

정영혜

◆ ◆ ◆
2019년 《개천문학》 신인상

강물 위 젖가슴
어둠은 젖을 빠는 아기처럼
등불을 빨아들인다

내 안의 상실도 둥글게 빛나며
흘러간다 흘러간다

손을 뻗어도 닿지 않는
이미 강 건너

나는 불빛을 삼키며 울고
젖 냄새를 찾아 헤매는
밤의 어린 짐승이 된다

유등이 꺼지면
어둠은
내 목을 감싸 안는다

유등을 바라보며

정현주

진주 남강에서
수많은 유등이 불을 밝힌다

칠흑의 어두운 밤
진주대첩에서 구국의 일념으로
왜군과 항전한 칠만 명의 순국선열

국난극복의 그날에 몸 바쳐서 지킨
유등처럼 빛나는 조국

순국선열의 넋이여 밝히소서

이 나라의 오늘과 내일을
당신들의 영원한 안식과 함께

◆ ◆ ◆
2022년 《시詩가 흐르는 서울》 등단

유등

조향옥

댓닢,

울지 말아라

그냥 살아온 것뿐이다

물 위에 흘러가는 댓닢,

그냥 흘러가는 것뿐이다

◆ ◆ ◆
2011년 《시와 경계》로 등단. 시집 『훔친 달』 『남강의 시간』

유등·13

주강홍

2003년 《문학과 경계》 등단. 시집 『망치가 못을 그리워 할 때』 『목수들의 싸움 수칙』

나는 벌겋게 타고 있는데
사람들은 아름답다고만 한다

나는 쩔쩔 끓고 있는데
그대는 그냥 즐겁다고만 한다

밤마다 그렇다

천형天刑이다.

강, 진주

주선화

◆ ◆ ◆
2007년 《서남일보》 신춘문예 시 당선. 2007년 《시와 창작》 신인상 등단. 시집 『까마귀
와 나』 『얼굴 위의 이랑』, 디카시집 『베리베리 칵테일』

달은 밝게 빛나고
구름은 엄마의 자궁처럼 두리몽실

등은 밤새 불을 밝히고

곧은 절개의 정신으로
잘 흐르고 있습니다

지키는 일은 거룩한 일
애썼어요. 한마디하고 싶은 날

수줍은 달빛에 홀려 강가에 섰어요
달의 불룩한 몸이 태아의 양수처럼 감싸고

색색의 물빛에 반사된
달의 비린내 울컥 게워 낸 자리

아는 얼굴과 모르는 얼굴이 스쳐 지나가고

이 밤이 참 아름답게 흘러요

뜨겁고 아늑하게

묘비

—논개바위에 대한 소묘 · 11

천융희

불꽃처럼 일어나는
밤물결 속
천 년을 견디는 외마디 증언이다

새겨진 글자 하나 없는
영원한 비명이
바위가 되어 홀로 떠 있다

그 바람
그 물결에
스러지는 이름 하나

오늘 밤,
비문으로 흐르고 있다

◆ ◆ ◆
2011년 《시사사》 등단. 시집 『스윙바이』, 디카시집 『파노라마』

유등

갚아야 할 이자가 무섭다
임대 붙은 가게가
자꾸 늘어나는 거리
한 해 지나면 자살률 더 높아지고
넋 놓고 우는 혈육의 눈물이
강을 따라 흘러가누나
유등 보고 웃는 아이의 웃음이 청아하다
휘황찬란한 유등의 빛 같은
희망이 곳곳에 있기에
그대도 나도 오늘을 살아내는 것이리

◆◆◆
2009년 《불교문예》 신인상 수상. 시집 『울음 바이러스』

남강106

최양호

꿈실꿈실
백룡 청룡이 헤엄을 친다
짙푸른 물빛이
진주성의 담을
빨아들인다
논개바위도 성에 가까이 왔다
춤을 추어라
힘차게 노래하여라
찬란한 날이
눈앞에서
아름답다

◆◆◆
2006년 《문예운동》 신인상 수상

무서운 하늘

최인락

해거름 먹구름 사이로
용의 눈알이 창칼로 빛난다
강한 햇살로 내리 찌르고 있어
저 엄한 눈살에 누가 감히 대적할까

세상이 어두운 것만큼
백성의 머리가 복잡하고 어지러울까
목소리 큰 자가 최고라 하는가
저래도 목 터졌다 소리 없어

모두 저들끼리
제 밥그릇 비교하는 짓거리들
듣는 백성 귀 따갑다 해도
아랑곳하지 않는 저 썩은 대신들

◆◆◆
2015년 한국공무원문학협회 시조 등단. 시·시조집 『너울 여지도』 『시의 몸부림』 등 9권

파두*에 젖다

―진주 유등에 부쳐

최형일

◆◆◆
1990년 《詩와 意識》으로 등단. 시집 『나비의 꿈』 외 1권

수평선을 엿듣는다
어둠 속 거울 같은
강과
강의 언어와
강의 언어를 읽는 한 줌 달빛과
강의 언어를 읽는 한 줌 달빛과 흰 옷소매가

등燈이 앓는다 부서진 파도의 노래를 잊지 못한다 만질 수 없는 식솔들
의 이름이 떠갔다 먼 고향의 초승달이 검은 돛배에 든다 등 굽은 아비와
어미가 저녁을 짓는다 뾰족한 불빛이 오롯이 나를 향했다

모든 것을 보며 아무것도 보지 않는다

부숴야, 꽃이 핀다
강물이 흔드는 생生이 아프다
한 점 발끝을 딛고 몸을 던진다
깨진 어둠이 하얀빛으로 환하다
물고기 떼가 살갗을 물어뜯는다
다시는 돌아올 수 없는 약속과
살아온 기억만큼 몸을 지불한다

＊파두fado: 포르투갈 뱃사람들이 부르는 민중 음악.

그해, 팔월

하 영

뜨거운 황토밭에서
팥알, 녹두알이

타악 탁

불꽃의 껍질을 깨고

스스로 쳐놓은 울타리를
뛰어넘고 있었다

꼬이고 뒤틀린 사슬을
뜨겁게 담금질하여
시퍼런 강물에 내던지고 있었다

◆ ◆ ◆
1989년 《문학과 의식》 시, 2000년 아동문예문학상 동시 등단. 시집 『햇빛소나기 달빛
반야』 『안개 는개』 외 3권

동물적 촉수

허미선

아무 말도 들리지 않는다고 말하는 이들을 위하여

청룡이 등 비늘 하나를 뽑아서 남강 물에 띄우고
황룡이 이에 질세라 등 비늘 두 개를 뽑아 남강 물에 띄워 반짝이듯
천년의 역사 내리 내리 빛이 꺼지지 않음을

동물적 촉수로 알아채고
남강 물에 헤아릴 수 없는 많은 유등을 밝혀 빛을 보태는 진주 사람들

용이 하늘로 승천하듯 사람도 소원도 하늘에 닿도록
면면히 새 역사를 비추는 내리사랑으로 타오르더라

청룡인 듯 황룡인 듯
시월 남강에서 또는 진주성에서
미세한 촉수로
등 비늘 하나씩 뽑아 밝히는 찬란함이

◆◆◆
1995년 《문예사조》 등단. 시집 『굵은 웨이브머리카락』. 동시조집 『병아리처럼 쫑쫑 와서』

멈추지 못하는 등

허표영

나무가 아니다
한 곳에 서서 영혼을 가꾸지 못하는 것은
맺힌 한이 멈추지 않기 때문이다
물이 아니다
가라앉지 못하는 것은
떠서 흘러가며 삭여야 하기 때문이다
빛이 아니다
누구를 비추지 않는 것은
떠돌며 나를 태우는 중이기 때문이다

◆ ◆ ◆
2019년 《한국작가》 시 신인문학상. 시집 『별을 기르다』

뭉클

황숙자

흘러간다는 것에 뭉클한다. 한때 어깨를 기대던 강물이 울음을 품은 채 멀어져 갔음을, 나는 까맣게 잊고 있었다. 선명했던 기억은 시간의 그늘 속으로 천천히 가라앉아 빛을 잃었다. 손끝이 닿으려던 그 순간, 기억은 허공으로 흩어지고 마침내 적막 속에 잠긴다.

물비린내 짙은 강의 밤, 꺼지지 않은 불씨가 긴 숨을 고르듯 뒤척인다. 바람의 거친 손길에 수없이 흔들려도 길을 잃지 않았다 흘러간 것들은 사라진 것이 아니다. 바람의 탄식과 빛과 그림자는 물 위에 흔적을 남기고, 햇살이 되어 꽃을 피웠다.

흐름은 시간을 불러내어 끝내 영원의 빛을 남긴다. 수많은 등불이 강의 너른 품을 따라 고요히 스며든다. 달은 오래전부터 묵묵히 지켜보고 있었다.

99

◆ ◆ ◆
1993년 《시와시론》 등단. 시집 『뭉클』

현대 시와 현대 음악의 언어, 미니멀리즘

서영처

2003년 《문학·판》 등단. 시집 『피아노 악어』 『말뚝에 묶인 피아노』 『악기들이 밀려오는 해변』. 산문집 『지금은 클래식을 들을 시간』. 계명대 교수

I.

미니멀리즘Minimalism은 맥시멀리즘Maximalism의 반의어로 단순함에 대한 추구이다. 1960년대 시각예술 분야에서 출발했다. Less is more(적은 것이 좋다)는 미니멀리즘을 요약한다. 미니멀리즘은 현대 자본주의의 대량 생산과 대량 소비, 소유 욕망, 정보의 과포화, 인구 과밀, 속도 등에 대한 반작용이며 한정된 자원 속에서 살아가야 하는 인류의 새로운 모색이라 할 수 있다. 미니멀리즘은 회화, 조형, 건축, 디자인, 인테리어, 패션, 무용, 광고 등 다양한 분야에서 덜어내기와 줄이기를 통해 본질을 부각하며 진정한 리얼리티에 도달하고자 한다. 자연 친화적인 삶, 에너지 절감, 구조의 단순화, 채식주의, 명상, 관계의 미니멀리즘까지 미니멀리즘은 매우 포괄적으로 적용되고 있다. 21세기 과학의 성과는 이전보다 더 극단적인 소외와 관계의 사물화, 이성의 도구화, 문화의 획일화 등 복잡한 현상들을 발생시켰고 이에 따라 세계를 인식하는 방법이나 가치 추구의 방향성을 변화시켰다. 그리고 이러한 세계에 직면하고 있다는 점에서 미니멀리즘은 자연스럽게 정치성을 띠게 된다.

미니멀리즘 시학은 미니멀한 자아, 미니멀한 언어로 미적 효과를 극대화하려는 전략이다. 시의 미니멀리즘 또한 다른 장르의 예술과 마찬가지로 산업자본주의의 팽창 이데올로기에 맞서는 대응 기제로 나타난다고 할 수 있다. 하지만 순수예술에서 대중 예술에 이르기까지 현대 예술의 구조와 내용이 미니멀리즘이라는 메가 트렌드를 향해 나아가고 있는 반면 왜 현대 시의 언어는 미니멀리즘과는 거리가 먼 장형화 산문화 경향으로 나아가고 있을까?

문학이 거대 담론에서 벗어나 일상과 자의식의 안전한 공간으로 향하면서 현대시는 파편화된 개인이라는 주변성과 왜소한 자아를 드러냈다.

일상과 내면, 자의식의 공간은 황금만능주의, 불안, 소외, 불평등, 빈곤, 전망 부재, 실업, 가족 해체, 익명성 등 모순이 응집된 병리적 이데올로기의 지배하에 놓이게 되고, 이것이 야기하는 문제들이 얽히고설키며 극대화되어 나타날수록 시는 본연의 리듬과 함축, 여운을 가지는 간결한 형식보다는 복합적인 문제를 다룰 수 있는 산문화 경향으로 흐르게 된다. 시적 화자 또한 기성의 역사·사회 질서를 전복하려는 강한 주체보다 시대 조류 속에서 소외되고 타자화되어 나타나는 경향이 두드러진다.

따라서 시의 산문화는 왜소하고 파편화된 자아가 응축된 언어보다는 일상적이고 주변화된 언어를 선택하면서 나타나는 미니멀리즘의 또 다른 현상이라 볼 수 있다. 그러한 점에서 시의 산문화는 전망이 불투명한 시대의 소산이며, 대량 생산과 소비 같은 자본주의적 과잉이 시의 언어에서도 그대로 드러나는 현상이라 할 수 있다. 어쩌면 이 시대의 산만한 체험과 모순, 복잡한 정치철학의 리얼리티를 초점화하기에 가장 적절한 시도로 산문화 경향이 나타나는 것이 아닌가 라는 역설을 제기하게 된다.

II.

미니멀리즘 음악은 1960년대 출현했다. 미니멀리즘 음악은 최소주의, 반복, 모방, 단순성, 주관 배제, 본질 추구, 음악이 진행되는 과정에 대한 관심 등으로 나타난다. 또 형식에서 발생하는 긴장과 이완의 변증법적 논리를 도외시하고 소리 자체를 중시한다. 이러한 경향은 서양 음악이 입체적이고 건축적인 체계를 갖추기 전인 중세의 모테트와 세속 음악, 르네상스 시대의 다성 음악, 6세기의 그레고리안 찬트로 거슬러 올라간다. 미니멀리즘 음악은 초기 서양 음악과 중세 음악에 나타나는 단순성, 모방과 반복, 미묘한 음향, 박자 구분이 없는 자유로운 악구에서 영감을 얻는다. 이러한 열린 구조의 음악은 존 케이지John Cage(1912~1992)를 비롯하여 에릭 사티Érik Satie(1866~1925), 시톡하우젠 Karlheinz Stockhausen(1928~2007), 아르보 페르트Arvo Pärt(1935~) 등에 의해 시도되었다.

이 중에서도 음악의 미니멀리즘을 거론할 때 가장 먼저 떠오르는 작곡가가 존 케이지다. 그의 대표작 '4분 33초'는 1952년 8월 29일 뉴욕주 북부 우드스탁 숲속에 위치한 메버릭 콘서트홀에서 데이비드 튜더David Tudor가 초연했다. 그러나 실은 아무것도 연주하지 않았다. 피아노는 열려 있었고 중간중간 악보를 넘기긴 했으나 4분 33초 동안 연주자는 침묵했다. 그리고 무대를 떠났다. 공연은 끝이 났다.

'4분 33초'는 총 3악장으로 이루어져 있다. 악보에는 다만 1악장 TACET(침묵), 2악장 TACET(침묵), 3악장도 TACET(침묵)으로 적혀 있

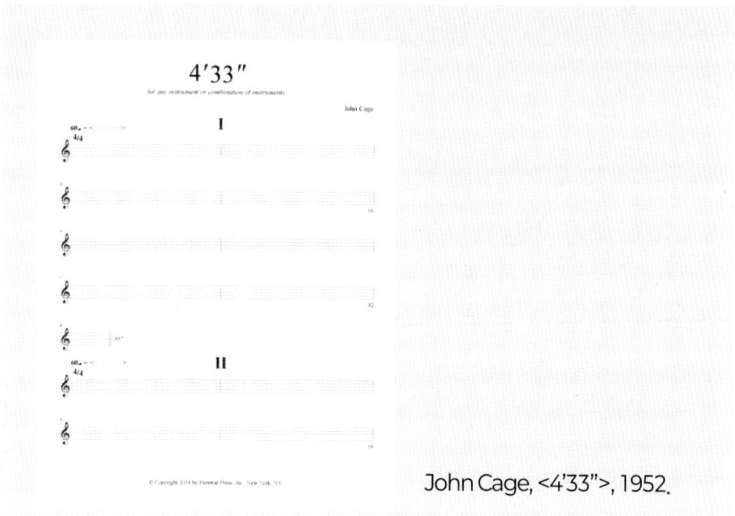

John Cage, <4'33">, 1952.

다. 각각 1악장 33초, 2악장 2분 40초, 3악장 1분 20초로 명시되어 있다. '4분 33초'는 오선 위에 어떤 음표도 없는 곡이다. 곡 제목은 전체 연주 시간에서 따왔다. 관객은 침묵을 통해 소음의 청취자가 되는 것이 이 음악의 의도이다. 침묵은 비움의 다른 말이다. 음악을 듣기 위해 멀리서 차를 몰고 온 관객들은 급진적인 침묵의 음악에 혼란과 충격을 받았다.

'4분 33초'는 연주 현장에서 우연히 만들어지는 기침 소리, 바람 소리, 나뭇잎이 부스럭거리는 소리, 빗방울 소리, 실망한 관객이 불만을 표시하며 공연장을 나가는 소리 등의 자연스러운 소음이 작품을 구성한다. 작곡자는 음악 윤곽과 아이디어만 주고 나머지는 연주 당시의 불확정적인 우연성에 맡긴다. 연주 환경 자체가 매번 새로운 음악을 만들어내는 구조이다. 이것은 이제껏 음악이라 생각하지 않았던 침묵과 소음에 귀기울이는 것이며, 자연발생적인 음을 통해 음악을 지겹도록 아름다운 소리로부터 해방시키겠다는 의도이다. 어처구니없어 보이는 이 곡은 존 케이지를 단번에 세계 최고의 전위 예술가 반열에 올려놓았다.

'4분 33초'는 선禪에서 영향을 받았으며 무의도성에 목적을 둔다. 그가 시도한 침묵의 소리는 『반야심경』의 색즉시공 공즉시색色卽是空 空卽是色, 만물은 실체가 없으며 실체 없음이 곧 실체라는 명제에서 영감을 얻었다. 이것은 다시 위도일손 손지우손 이지어무위爲道日損 損之又損 以至於無爲, 도는 날마다 더는 것이며, 덜고 덜어 무위에 이르는 것이라는 노자의 미학에 닿는다. 또한 장자의 제물론齊物論 중 자유子遊와 자기子綦의 대화에 드러나는 하늘의 통소 소리와도 직접적으로 연결된다.

케이지의 의도는 비어 있는 시공간에 더 많은 것들을 담을 수 있다는 무한한 가능성을 시사하며 음악에 대한 새로운 정의를 제시한다. 그의 침묵은 열려 있는 침묵으로, 여백의 미, 여백의 소리를 창조하는 실험이라 할 수 있다. 또한 일상의 소리에 주목하는 것이며, 음악과 소음의 경계를 넘어 더 깊은 소리에 이르고자 하는 것이며, 소리의 본질에 접근하고자 하는 시도이다. 그는 비움을 통해 동양의 내면에 깊숙이 들어와 음악을 모든 질서로부터 해방시켜 시간과 공간 속에 자유롭게 두고자 했다.

'4분 33초'는 있는 그대로의 소리를 추구하며 비합리의 합리와 부조리의 조리를 들려준다. 음악 본연의 시간성을 위해 연주 시간을 정확하게 지킨다. 그러면서 성채처럼 쌓아 올린 서양 음악의 규칙과 질서의 오랜 전통을 조소한다. 발표된 지 70여 년이 지났지만 케이지의 시도는 지금도 모든 전위적 시도의 맨 앞에 선 획기적인 작품으로 회자된다.

1951년 뉴욕 스테이블 갤러리Stable Gallery에서 라우센버그Robert Rauschenberg가 '화이트 페인팅'을 전시했다. 그의 데뷔작은 존 케이지에게 지대한 영감을 주었다. 케이지는 그의 전시회 팸플릿에 다음과 같은 시적 선언문을 남겼다.

To whom: no subject, no image, no taste, no object, no beauty, no message, no talent, no technique, no why, no idea, no intention, no art, no feeling, no black, no white, no and." In other words, nothing.

누군가에게: 주제 없음, 이미지 없음, 취향 없음, 대상 없음, 아름다움 없음, 메시지 없음, 재능 없음, 기술 없음, 이유 없음, 아이디어 없음, 의도 없음, 예술 없음, 느낌 없음, 검정 없음, 흰색 없음, 그리고 없음, 다시 말해서 아무것도 없음

그의 선언은 라우센버그의 작품과 마찬가지로 "없음"의 반복을 통해

Robert
Rauschenberg,
<White Painting>,
Stable Gallery,
New York, 1951

비움이 침묵이며 상품화할 수 없는 순수성임을 표명한다.

Ⅲ.

　존 케이지와 라우센버그의 작품이 보여주는 미학은 침묵이 충만성을 가지던 완전한 시대를 희구하는 것으로, 말과 이미지가 넘쳐나는 시대의 불안과 결핍에 대응한다. 한국 현대시에서 침묵의 미학에 가장 근접하는 시인으로는 김종삼, 박용래 등을 들 수 있다. 침묵은 무엇을 의미하기보다 상징에 가깝다. 김종삼의 시는 긴장과 이완의 전통 미학에 충실한 작품으로, 극도의 생략과 압축으로 비워진 공간에 당대 역사와 정치·사회 현실의 더 많은 것들을 담는다. 그리고 그러한 경험을 극대화한다. 미니멀리즘 음악이 기록된 최초의 음악으로 거슬러 올라가듯 미니멀리즘 시학 또한 최초의 언어가 시적 언어였을 것이라는 가정에 바탕한다.

1947년 봄

심야

황해도 해주의 바다

이남과 이북의 경계선 용당포

사공은 조심조심 노를 저어가고 있었다.

울음을 터뜨린 한 영아를 삼킨 곳

스물 몇 해나 지나서도 누구나 그 수심을 모른다

—김종삼, 「민간인」 전문

내용 없는 아름다움처럼

가난한 아희에게 온

서양 나라에서 온

아름다운 크리스마스 카드처럼

어린 양들의 등성이에 반짝이는

진눈깨비처럼

—김종삼, 「북 치는 소년」 전문

　「민간인」에 나타나는 비극은 역사 현실에 대한 자각과 삶의 의미를 묻는 본질적인 질문에 직면하게 한다. 용당포 사건은 운명을 건 투쟁으로, 용당포의 인물들은 그들 앞에 놓인 국면을 희생 제의로 뚫고 나간다. 그리고 침묵으로 일관한다. 이 사건은 오래된 신화의 장면들을 불러들이며 사회·역사적 현실을 초월한다. 하지만 "수심을 알 수 없는" 죄책감을 원죄처럼 드리운다. 상징은 운문의 영역이다. 김종삼은 운문 고유의 정체성을 통해 역사와 운명, 삶의 부조리에 대한 통찰을 보여준다. 시적 주체도 메시지도 의도도 없는 최소화 전략으로 진정성과 설득력, 깊이를 거느리는 침묵의 미학을 완성한다.

「북 치는 소년」 또한 최소의 전략으로 최대의 효과를 낸다. 이 작품은 언어의 최소화인 "내용 없음"으로 "내용 없는 아름다움"을 만들어낸다. 가난한 소년이 치는 북소리는 작품 전체를 울리며 초월의 공간에 위치한 서양 나라를 거쳐 시인이 서 있는 현실의 공간까지 들려온다. 그러기 위해서는 소리가 퍼져나갈 수 있는 빈 공간이 필수적이다. 유년의 기억이 동반되는 북소리는 과거─현재─미래로 이어지는 시·공간을 매개하며 크리스마스의 환상을 충족시켜 주는 배음이 되어 울린다. 반복되는 수식어 문장은 이미지들의 여운으로 울림을 강화한다.

「북 치는 소년」은 존 케이지의 선언처럼 "내용 없음" "아름다움 없음" "메시지 없음" "이유 없음" "의도 없음" "흰색 없음" 등의 덜고 버리는 미학으로 더 많은 내용과 아름다움, 더 많은 메시지와 흰색으로 가득 찬 세계를 보여준다. 가난한 아희, 소년은 불확정성의 시대 속에서 시인이 추구하는 절대 순수의 이미지이다. 절대 순수는 라우센버그의 '화이트 페인팅'처럼, 아무것도 기보되어 있지 않은 존 케이지의 빈 악보처럼, 순수한 잠재력이 내재된 가능성의 공간이다.

IV.

프랑스 작곡가 에릭 사티의 '백사시옹-Vexation(짜증)'은 미니멀리즘이 본격적으로 등장하기 전 1893년 작이다. '백사시옹'은 한 장의 악보로 이루어진 곡이다. 사티 사후에 케이지가 발견하여 본격적으로 널리 알렸다. 사티의 작품 중에는 '짐노페디Gymnopédies'를 비롯하여 '당신을 원해요Je te veux' 등 대중적으로 널리 알려진 곡들도 있다. 작곡가는 평범하지 않은 분위기의 피아노곡 '백사시옹'에 대해 특별한 제안을 했다. 그것은 이 곡을 840회 연속으로 천천히 연주하자는 제안이다. '백사시옹'의 악보를 보면 먼저 증음정으로 이어지는 저음의 선율이 진행하고 그러한 주제 선율 위에 더 많은 공간을 차지하는 불협화음이 차례로 얹히는 구조이다. 사티는 이 곡을 느리게 연주하며 현대문명의 불안과 피로, 강박, 무의미한 소음의 연속 등을 표현한다. 끝없이 이어지는 연주로 시간의 흐름과 시간이 흐르는 공간을 들려주고자 한다.

'백사시옹'은 반복을 통해 리듬을 이룬다. 그것은 지구의 자전과 공전, 물과 공기의 흐름, 다람쥐 쳇바퀴처럼 도는 일상처럼 특별한 심미적 반응을 일으키지 않아야 한다. 불협화음으로 이루어진 화성 또한 중력처럼 자연스러운 것이어서 느낌이 없는 것이어야 했다. 사티는 '백사시옹'에 대해 "음악에 관심을 두지 말고 그곳에 음악이 없는 것처럼 행동하기를" 요구했다. 듣지 말 것을 요구하는 사티의 음악은 원래부터 거기 있던 붙박이 가구 같은 '가구 음악Furniture music'의 시도이다. 가구 음악은 음악의 존재 자체를 거부하는 음악, 음악임이 드러나지 않는 음악, 눈에 띄지 않고 귀에 들리지 않는 음악, 없는 듯한 음악이다. 음악을 제거하고자 하는 음악이라는 점에서 사티의 '백사시옹'은 미니멀리즘 음악을 대변한다. '백사시옹'은 가구처럼 백색소음처럼 조용히 한쪽 구석에서 침묵의 배경이 되어 분위기를 중화하고 불편하고 어색한 시간을 다스리는 것에 초점을 두는 역설의 음악, 부조리의 음악적 전략이라 할 수 있다.

케이지의 '4분 33초'가 운문적이라면 에릭 사티의 '백사시옹'은 산문적

Érik Satie,
<Vexation>, 1893.

이다. '백사시옹'은 840회에 달하는 릴레이 연주를 통해 음악의 본질인 시간과 공간성에 대한 탐구를 한다. 교대하는 연주자들의 자유로운 해석이 이어지면서 "취향 없음" "메시지 없음" "재능 없음" "예술 없음" "느낌 없음"으로 극단적인 단조로움과 지루함에 도달하려는 것이 '백사시옹'의 주요 의도이다. 이 지루한 반복에 반응하는 청중의 태도나 소음 또한 백사시옹의 중요한 소재에 포함된다. 반복은 리듬을 구성하고 구조의 질서에 기여하지만 동일한 곡의 극단적인 나열은 시간적, 공간적 질서를 무너뜨린다. 관객은 지루한 소리와 장황한 시간을 동시에 들으며 이 시대의 산만한 실험을 체험한다. 자본주의적 생산─소비 체계의 과잉을 음악으로 느끼며 이 시대의 진정한 리얼리티를 경험한다. 아마도 객석에는 주체가 배제된, 영혼이 빠져나간 객체들이 살바도르 달리의 시계처럼 늘어져 어떤 초월적인 광경을 연출하고 있을 것이다.

케이지와 사티의 음악은 충격보다는 편안함을, 형식이나 내용보다는 본질을, 아름다움보다는 아름답지 않음을 추구한다. 그리고 경험의 극대화보다 경험의 보편화를 추구한다. 음악 본연의 극적인 긴장이나 변화는 없지만 가난한 소년이 치는 북소리처럼 진부한 삶에 길들여진 관객을 깨우치는 신선함이 있다.

시와 음악의 미니멀리즘은 당대의 문제를 가장 예리하게 관통하는 언어와 소리를 발견하고자 하는 노력이며 이러한 압박에 대응하려는 기제이다. 줄임의 미학은 열려 있는 자유로운 시적 체험과 자유로운 음악적 체험의 공간을 제공한다. 언어를 극도로 생략한 페이지와 음표를 생략한 페이지에는 가능성의 언어와 가능성의 음악이 개입하여 독자와 관객에게 더 많은 것들을 체험하게 한다.

언어의 힘은 덜어낼 때 강해지지만 현대시에서는 현대성의 새로운 구도를 모색하기 위한 다양한 전략들이 나타난다. 시의 산문화 경향은 산업자본주의의 복잡다기한 문제 속에 살아가는 모순적인 삶을 초점화하려는 또 하나의 미니멀리즘 전략이며 당대의 사회적 현실을 구현한다. 이것은 구조나 언어의 축소보다 자아의 축소에 관심을 나타낸다.

응축의 언어가 거느리는 둘레에 개입하는 파편화된 자아, 왜소한 존재의 실존을 전면화한 것이 현대시의 산문화라면, 음표를 생략하고 반복하는 과정에 개입하는 소리나 소음 같은, 주변성을 전면화한 것이 극소주의 음악이다. 시와 음악의 미니멀리즘에는 존재를 부정당하는 익명의 인간들과 음악임을 부정당하는 익명의 음악이 있다. 이러한 점에서 시와 음악의 미니멀리즘이 아우르는 반경은 넓다.

참고 자료

Kyle Chayka, 박성혜 역, 『단순한 열망: 미니멀리즘 탐구』, 필로우, 2023.
서영희, 「김종삼 시의 형식과 음악적 공간 연구」, 《어문론총》 53호, 2010.

2025 경남시인협회 유등 사화집

유등이 빛나는 시간

펴낸날   2025년 11월 21일

펴낸이   안화수 회장
펴낸곳   경남시인협회
주 소   창원시 마산회원구 양덕동16길 29, 1동 1003호(경남아파트)
연락처   010-5064-0012(회장 안화수)
              010-9195-1929(사무국장 이소정)

만든곳   도서출판 경남
주 소   창원시 마산합포구 몽고정길 2-1
연락처   (055) 245-8818
이메일   gnbook@empas.com
출판등록   제1985-100001호(1985. 5. 6)

ISBN   979-11-6746-207-7-03810

※이 책은 진주 남강유등축제 제전위원회의 보조금을 받아 제작되었습니다.

값 10,000원